Inhalt

Kreuzfahrten - Ist der Boom nach der Concordia-Havarie vorbei?

Kernthesen

Beitrag

Fallbeispiele

Zahlen und Fakten

Weiterführende Literatur

Impressum

GENIOS BranchenWissen Nr. 04 vom 26.04.2012

Kreuzfahrten - Ist der Boom nach der Concordia-Havarie vorbei?

I.Zeilhofer-Ficker

Kernthesen

- Nach dem Unglück der Costa Concordia im Januar 2012 sind die Buchungseingänge bei vielen Reedereien eingebrochen.
- Vor allem Neukunden sind skeptisch und lassen sich auch durch ausgefeilte Sicherheitskonzepte nur schwer überzeugen.
- Nach dem Rekordjahr 2011 mit 1,8 Millionen deutschen Kreuzfahrtgästen und fast drei Milliarden Euro Umsatz erwarten die Reeder trotz der widrigen Umstände ein hohes einstelliges Plus für das Jahr 2012.

- Auf Costa bzw. deren Mutterkonzern Carnival kommen indessen Schadenersatzklagen in hundertfacher Millionenhöhe zu.

Beitrag

Das Concordia-Unglück und die Folgen

Rund hundert Jahre nach dem Untergang der Titanic im Nordatlantik schaffte es Kapitän Schettino, die Costa Concordia am 13. Januar 2012 auf ein Felsriff vor der toskanischen Insel Giglio zu lenken. Die aufgerissene Concordia füllte sich mit Wasser, neigte sich zur Seite und blieb halbseitig mit Wasser vollgelaufen auf den Felsen hängen. 30 Menschen fanden den Tod, 2 werden immer noch vermisst und unzählige Passagiere werden ihr Leben lang traumatisiert bleiben. Doch schon wenige Wochen später verkündeten die Reedereien einhellig, der deutsche Kreuzfahrtmarkt brumme. Manche behaupteten gar, das Concordia-Unglück hätte den Umsatz angekurbelt. Verwiesen wurde dabei meist auf die tatsächlich erfreulichen Zahlen des Jahres 2011 sowie auf den Stand der Vorausbuchungen für

2012. Vergleicht man allerdings die Wochenumsätze der Reisebüros so stellt man fest, dass die Buchungseingänge seit dem Unglück zwischen 21 bis 52 Prozent zurückgegangen sind. Das Umsatzplus zum Vorjahr ist von 45 Prozent bereits auf 33 Prozent abgeschmolzen. Und so stellt sich die Frage, ob der deutsche Kreuzfahrer wirklich durch nichts zu erschüttern ist, oder ob die Erfolgsgeschichten der Reedereien möglicherweise nur die wahre Situation verschleiern sollen. (1)

Fakt ist, dass findige amerikanische Anwälte gegen den Costa-Mutterkonzern Carnival vor Gericht ziehen. Für 39 Passagiere haben sie Klage eingereicht und fordern 528 Millionen US-Dollar Schadenersatz. Weitere Anwälte touren durch Europa und versprechen den potenziellen Klienten mindestens 100 000 Dollar Entschädigung pro Person - Costa hat den Geschädigten bisher rund 14 000 Euro geboten. Sollten die Klagen Erfolg haben, kommen riesige Summen an Ausgleichszahlungen auf Costa/Carnival zu. Dazu muss man die Kosten für die Bergung des Schiffes addieren. Schätzungen gehen von bis zu einer Milliarde Dollar Gesamtschaden aus. (4), (6)

Auch die Wochen nach der Concordia brachten keine Ruhe ins Geschäft - weitere Havarien folgten: Ende Februar geriet die Costa Allegra im Indischen Ozean nach einem Generatorenbrand in Seenot und musste abgeschleppt werden. Eintausend Passagiere verbrachten drei Nächte an Deck ohne Strom und kaum funktionierenden sanitären Einrichtungen. Ende März war dann die Azamara Quest vor den Philippinen mit ebenfalls tausend Passagieren von einem Feuer an Bord betroffen. Und am 17. April schlug der unter niederländischer Flagge fahrende Flusskreuzer Bellriva im Rhein in der Nähe von Karlsruhe leck, nachdem ein Lotse einige Steinaufschüttungen im Nebel übersehen hatte. Die über hundert Passagiere mussten das Schiff verlassen. (7)

Kreuzfahrten sind sicher

Besonders Vertrauen erweckend wirken diese Schlagzeilen sicher nicht auf potenzielle Kreuzfahrtkunden. Trotzdem bleibt die Passagierschifffahrt ein überaus sicheres Verkehrsmittel. Wie eine Studie der Allianz-Versicherungsgruppe ergab, gingen im Jahr 1912 (dem Untergangsjahr der Titanic) noch eines von einhundert Schiffen verloren, im Jahr 2009 hatte sich der Faktor auf eines von 670 Schiffen verbessert. In den Jahren zwischen 2005 und 2010 kamen nur 16 Personen bei Unfällen auf Kreuzfahrtschiffen ums Leben - von hundert Millionen Passagieren, die auf den Schiffen unterwegs waren. Dabei hat sich herausgestellt, dass der Mensch selbst das größte

Sicherheitsrisiko darstellt. In rund 75 Prozent aller Schiffsunglücksfälle ist die Ursache menschliches Fehlverhalten. Das Problem wird dadurch verstärkt, dass immer größere Schiffe gebaut und aus wirtschaftlichen Gründen mit immer weniger Besatzung betrieben werden. Der Kostendruck führt zunehmend dazu, dass schlecht ausgebildetes Personal in Niedriglohnländern angeheuert wird, oft mangelt es an der notwendigen Verständigung und die mittlerweile komplizierte Schiffstechnik wird nur unzureichend beherrscht. (5), (7)

Die Havarien haben für alle Kreuzfahrt-Reedereien Auswirkungen. Sämtliche Sicherheitsvorschriften kommen wieder auf den Prüfstand. Seenot-Übungen mit den Passagieren werden nun immer häufiger noch vor dem Auslaufen durchgeführt. Generell erhält die Sicherheit wieder ein größeres Gewicht, sowohl beim Kunden als auch beim Schiffsbetreiber. Und die Versicherungsprämien steigen. Schon heute stehen die Schiffsversicherungen der Ozeanriesen für vier bis sechs Prozent der gesamten Betriebskosten. Künftig dürfte dieser Kostenfaktor spürbar steigen. (6), (7)

Interessierte Neukunden sind trotzdem verunsichert. Konnten sich vor der Concordia noch 17 Prozent der Deutschen vorstellen, eine Schiffsreise zu unternehmen, sank dieser Wert nach dem Unglück auf nur noch 11 Prozent. Es wird nicht einfach werden, das Vertrauen wieder herzustellen. (3)

Die Zahlen zu 2011

Der Kreuzfahrtmarkt hat in den vergangenen Jahren einen enormen Boom erlebt. Im Jahr 1990 buchten weltweit erst 3,7 Millionen Menschen eine Kreuzfahrt - meist Amerikaner - heute kommen rund 19 Millionen Menschen an Bord eines der 256 Spaßschiffe auf den Weltmeeren. 1,8 Millionen davon waren im vergangenen Jahr Deutsche. Rund 2,9 Milliarden Euro Umsatz bescherten sie den Reedereien, wovon eine halbe Milliarde von Flussreisenden, der Rest von Hochseekreuzfahrern stammt. Der durchschnittliche Reisepreis auf hoher See betrug 1 710 Euro für durchschnittlich 9,2 Tage, auf den Flüssen kostete eine 7,6 tägige Durchschnittsreise 1 075 Euro. Nach diesen Werten stammen bereits 12,4 Prozent aller Veranstalterumsätze in Deutschland von der Kreuzfahrtsparte. Deutschlands größte Reederei, AIDA, liegt bei den umsatzstärksten Veranstaltern bereits auf Platz sechs. (2), (3)

Der US-Konzern Carnival Corporation, Weltmarktführer und Mutter von Costa Crociere und AIDA, erlöste im vergangenen Jahr 15,8 Milliarden US Dollar und erzielte damit einen Gewinn von 1,9

Milliarden Dollar. Die satte Gewinnmarge von 12 Prozent ist in der Touristik eher ungewöhnlich, für Reedereien, die vor einigen Jahren noch mit Umsatzrenditen von 25 Prozent kalkulierten, aber fast schon enttäuschend. Der Zweitplatzierte Royal Caribbean liegt zumindest mit der Gewinnmarge von zwölf Prozent gleichauf. (8), (9), [Abb. 2]

Ausblick

Deutschland ist als Markt für Kreuzfahrt-Anbieter extrem interessant. Während in den USA schon fünf Prozent der Bevölkerung den Urlaub auf einem Schiff verbringen, gehen lediglich 1,5 Prozent der Deutschen aufs Wasser. Prognosen gehen davon aus, dass sich der deutsche Markt schon in wenigen Jahren verdreifacht haben könnte. Durch die hohen Wachstumsraten der vergangenen Jahre angespornt, haben fast alle Reeder Schiffsneubauten bestellt, die in den nächsten Jahren gefüllt werden wollen. Allein im laufenden Jahr werden acht neue Schiffe getauft, dazu kommen fünf Schiffe, die generalüberholt und den Marktanforderungen angepasst wurden. Rund 21 500 zusätzliche Betten kommen so im Laufe des Jahres auf den Markt. Betten, die verkauft werden wollen. (8), (9), (10), [Abb. 1]

In den USA sind die Buchungen seit der Concordia um 15 Prozent zurückgegangen - nicht nur bei

Carnival. Bei Costa musste man zeitweise Rückgänge um bis zu achtzig Prozent verkraften. Mittlerweile haben sich die Buchungseingänge selbst hier aber bei einem Minus von 35 Prozent zum Vorjahr stabilisiert. Hauptleidtragende des Unglücks sind neben Costa vor allem die amerikanischen Anbieter, die mit Ozeanriesen für bis zu 6 300 Passagiere und 2 165 Mann Besatzung unterwegs sind. Denn wie eine Umfrage von Touristik aktuell ergab, zieht der deutsche Kreuzfahrer eindeutig die deutschsprachigen Schiffe vor - 94 Prozent der Befragten erwarten den Service in ihrer Muttersprache. Ein Gästemix aus verschiedenen Nationalitäten wird von rund der Hälfte als eher störend empfunden. Um welches Schiff es sich handelt, auf dem man unterwegs ist, ist den Meisten ziemlich egal, wenn nur die Route passt. (7), (11)

Das dürfte der Grund dafür sein, dass die deutschen Schiffe wesentlich weniger von den Buchungsrückgängen betroffen sind. AIDA erwartet ein hohes, einstelliges Wachstum in 2012 und auch die TUI Mein-Schiff-1 und Mein-Schiff-2 laufen wie geplant. Profitiert haben auch die Reeder kleinerer Schiffe, die den Kunden momentan offensichtlich mehr Vertrauen einflößen. (9), (12)

Auch wenn Experten langfristig keine Gefahr für den Kreuzfahrtmarkt durch die Unglücke sehen - die hohen zusätzlichen Kapazitäten kombiniert mit einer zurückhaltenden Nachfrage haben einen Preiskampf in Gang gesetzt. Vor allem die amerikanischen Reedereien fallen durch Kampfpreise - 7 Tage Mittelmeer für 299 Euro - unangenehm auf. Und die Preise fallen weiter. Kostendeckend können diese Preise schon heute nicht mehr sein. Die Schiffsbetreiber erwarten die Gewinnbeiträge eher vom Zusatzgeschäft an Bord als durch die Kabinenpreise. Aber genau dieses mag der deutsche Kunde nicht - lieber zahlt er gleich entsprechend mehr, dafür erwartet er aber an Bord ein möglichst umfassendes Alles-inklusive-Konzept. Und auf zusätzliche Zwangs-Trinkgelder, die täglich dem Bordkonto belastet werden, reagieren viele Deutsche äußerst negativ. (11), (13)

So buchen die deutschen Kreuzfahrtliebhaber momentan vor allem deutsche Anbieter, die sich über die gute Buchungslage freuen. Und die amerikanischen Schiffe? - Die ziehen sicher bald weiter. Man will ja möglichst rasch auch die wachsenden Mittelschichten in aufstrebenden Ländern wie China, Indien und Brasilien aufs Schiff locken. Aber auch in Deutschland ist noch nichts verloren. Wie die Erfahrung zeigt, haben die Reisenden hierzulande ein kurzes Gedächtnis, was Katastrophen jeder Art anbelangt. Langfristig ist der Ausblick für den deutschen Kreuzfahrtmarkt daher als gut bis sehr gut zu bewerten. Denn immerhin noch 11 Prozent aller Deutschen können sich vorstellen, eine Urlaubsreise auf dem Wasser zu verbringen. (3), (12)

Trends

Kommt die Grüne Kreuzfahrt?

Derweilen geraten die Großschiffe immer häufiger als Umweltverschmutzer in die Schlagzeilen. Der Naturschutzbund Deutschland hat kürzlich den Vergleich aufgestellt, ein Schiff würde so viele Schadstoffe ausstoßen wie fünf Millionen Autos. Keine werbewirksame Aussage für die weißen Traumschiffe. Und tatsächlich ist das zum Großteil genutzte Schweröl mit seinem Schwefelgehalt von bis zu 3,5 Prozent alles andere als umweltfreundlich. Erst langsam zeigt sich die Branche willig, die von den Behörden verhängten schärferen Umweltvorschriften zu akzeptieren. Immerhin wird gerade das weltweit erste Kreuzfahrtschiff, die MS Europa 2, mit einem Katalysator ausgestattet. Die Europa 2 wird im Frühjahr 2013 auf große Fahrt gehen. Marktführer AIDA dagegen verzichtet nach wie vor auf den Einbau von Rußfiltern in neuen Schiffen. Auch auf die Verwendung von Schweröl wollen die meisten Reedereien nicht ganz verzichten - kostet das sauberere Marine Diesel doch etwa 30 Prozent mehr. Würden die Schiffe nur noch mit Marine Diesel betrieben, so müssten die Kreuzfahrtpreise um 120 bis 150 Euro pro Woche und Person steigen. Noch sind die meisten Kunden nicht dazu bereit, diesen Aufschlag zu tragen. (2), (14)

Fallbeispiele

Als bestes Kreuzfahrtschiff der Welt gilt die MS Europa der Reederei Hapag-Lloyd, die zum TUI-Konzern gehört. Noch besser soll die Europa 2 werden, die zum Frühjahr 2013 in Dienst gestellt wird. Mit durchschnittlichen Tagespreisen von 600 Euro will man Luxus verwöhnte Familien mit hohem Einkommen auf das Schiff locken. Dazu soll es legerer zugehen als auf der Europa und es wird mehr Kinderbetreuung und Spielflächen geben. (15)

AIDA geht davon aus, dass trotz der Havarien auch 2012 ein ordentliches Ergebnis erzielt werden kann. Um den Verkauf für das Geschäftsjahr 2013/2014 anzukurbeln, erhöhte AIDA im März 2012 die Provisionen für kleinere Reiseagenturen. (16)

Der Carnival Konzern hat nicht nur den Schaden an der Concordia und Allegra zu verkraften, sondern leidet auch am stärksten unter Buchungsrückgängen. Im ersten Quartal 2012 vermeldete die Carnival

Corporation 139 Millionen Dollar Nettoverlust nach einem Gewinn von 152 Millionen im Vergleichszeitraum des Vorjahres. (17)

Zahlen & Fakten

Abbildung 1: Neue und überholte Kreuzfahrtschiffe 2012

Starttermin	Schiff	Reederei	Passagiere
2. März 12	Costa Neoromantica	Costa Crociere	1 578
31. März 12	Disney Fantasy	Disney Cruise Line	4 000
3. April 12	Delphin	Passat Kreuzfahrten	474
17. April 12	Columbus 2	Hapag-Lloyd Kreuzfahrten	698
19. April 12	Oceania Riviera	Oceania Cruises	1 250
29. April 12	Princess Daphne	Ambiente Kreuzfahrten	460
6. Mai 12	Costa Fascinosa	Costa Crociere	3 800
12. Mai 12	AIDA Mar	AIDA Cruises	2 194
21. Mai 12	FTI Berlin	FTI Cruises	456
26. Mai 12	MSC Divina	MSC Crociere	3 502
3. Juni 12	Carnival Breeze	Carnival Cruise Lines	3 690

| 12. Juni 12 | Hamburg | Plantours Kreuzfahrten | 400 |
| 1. Nov. 12 | Celebrity Reflection | Celebrity Cruises | 3 030 |

Quelle: Reedereien entnommen aus: fvw International Nr. 4 vom 17.02.2012 (10)

Abbildung 2: Marktanteile der Kreuzfahrtreeder nach Passagieren 2011 weltweit

	Prozent	davon	Prozent
Carnival	49,2	Costa	7,2
		AIDA	4,4
Royal Caribbean	23,8		
Star/Norwegian Cruise Line	8,9		
MSC Cruises	5,8		
TUI Cruises	0,8		
Hapag-Lloyd	0,2		

Quelle: Cruise Market Watch entnommen aus: Manager Magazin, 23.03.2012, Nr. 4, S. 68 (9)

Weiterführende Literatur

(1) Erfolgswelle bis Januar
aus fvw Nr. 06 vom 14.03.2012 Seite 061

(2) Umweltschützer fordern den Einsatz neuer Technologien
aus Spiegel Online, 13.04.2012

(3) Kreuzfahrten trotz Costa-Unfällen beliebt
aus Hamburger Abendblatt, 09.03.2012, Nr. 59, S. 23

(4) Viel Geld lockt die Opfer
aus DIE WELT, 12.03.2012, Nr. 61, S. 23

(5) Schifffahrt mit neuen Risiken
aus Frankfurter Allgemeine Zeitung, 10.04.2012, Nr. 84, S. T5

(6) Lernen von den Großkatastrophen Der Trend zu immer größeren Schiffen ist ebenso riskant wie das Entdecken abwegiger Routen. Doch die Branche ist auf Wachstum angewiesen
aus Financial Times Deutschland vom 26.03.2012, Seite 5

(7) Havariert
aus Süddeutsche Zeitung, 08.03.2012, Ausgabe München, Bayern, Deutschland, S. 22

(8) Schwere Vorwürfe gegen Reederei und Kapitän Mutterkonzern Carnival verspricht Aufklärung //

Weltmarktführer hofft mit Aida-Schiffen auf Wachstum im deutschen Geschäft
aus Financial Times Deutschland vom 16.01.2012, Seite 6

(9) Sog der Tiefe
aus Manager Magazin, 23.03.2012, Nr. 4, Seite 68

(10) LEINEN LOS FÜR DIESE SCHIFFE 2012
aus fvw Nr. 04 vom 17.02.2012 Seite 055

(11) Am liebsten unter Deutschen
aus fvw Nr. 04 vom 17.02.2012 Seite 055

(12) Die Neueinsteiger bleiben aus
aus fvw Nr. 04 vom 17.02.2012 Seite 055

(13) Preise für Kreuzfahrten sind unten
aus Handelsblatt online vom 11.04.2012

(14) Traumreise auf der Dreckschleuder
aus DIE WELT, 06.03.2012, Nr. 56, S. 12

(15) Hapag-Lloyd bricht Luxusrekord
aus Frankfurter Allgemeine Zeitung, 13.03.2012, Nr. 62, S. 12

(16) Eichhorn setzt Signal
aus fvw Nr. 06 vom 14.03.2012 Seite 060

(17) Carnival kassiert Prognosen für Umsatz und Gewinn
aus fvw Nr. 06 vom 14.03.2012 Seite 060

Impressum

Kreuzfahrten - Ist der Boom nach der Concordia-Havarie vorbei?

Bibliografische Information der deutschen Nationalbibliothek

Die Deutsche Nationalbibliothek verzeichnet diese Publikation in der deutschen Nationalbibliografie; detaillierte bibliografische Daten sind im Internet über http://dnb.d-nb.de abrufbar.

ISBN: 978-3-7379-2998-1

© 2015 GBI-Genios Deutsche Wirtschaftsdatenbank GmbH, Freischützstraße 96, 81927 München, www.genios.de

Alle Rechte vorbehalten. Dieses Werk ist einschließlich aller seiner Teile – z.B. Texte, Tabellen und Grafiken - urheberrechtlich geschützt. Jede Verwertung außerhalb der Grenzen des Urheberrechtsgesetzes bedarf der vorherigen Zustimmung des Verlags. Dies gilt insbesondere auch für auszugsweise Nachdrucke, fotomechanische Vervielfältigungen (Fotokopie/Mikroskopie), Übersetzungen, Auswertungen durch Datenbanken oder ähnliche Einrichtungen und die Einspeicherung und Verarbeitung in elektronischen Systemen.